AF492642

توربينا

أشعار من مدونة حياتي

توربينا
أشعار من مدونة حياتي

ترجمة:
إدريس الملياني

إصدارات دائرة الثقافة، حكومة الشارقة 2022 م

الناشر: دائرة الثقافة ـ حكومة الشارقة ـ الإمارات العربية المتحدة

الهاتف: 5123333 6 971+

البرَّاق: 5123303 6 971+

الموقع الإليكتروني: www.sdc.gov.ae

البريد الإليكتروني: sdc@sdc.gov.ae

تصميم الغلاف: ضياء الدين الدوش

928.9171

ت ن. م

توربينا، نيكا

أشعار من مدونة حياتي / توربينا ؛ ترجمة إدريس الملياني .ـ الشارقة، الإمارات العربية المتحدة:
دائرة الثقافة، 2022.

304 ص؛ 21X14 سم.

1 ـ توربينا، نيكا، 1974-2002 ـ مذكرات

2 ـ الشعراء الروس ـ تراجم

3 ـ الأدب الروسي ـ تاريخ ونقد

أ ـ العنوان

ب ـ الملياني، إدريس

ISBN: 9789948826385

كم مرة

ضبطت نظرات شزراء..

وكلمات جارحة

كالسهام،

تنغرز فيَّ..

رجاء،

اسمعوا، لا داعيَ

لتدمروا فيَّ

دقائق من أحلام الطفولة..

صغير جداً

يومي..

وأنا أريد الخير

للجميع!

حتى لأولئك الذين

يصوبون إليّ.

الشاعرة نيكا توربينا الطفلة المعجزة
مُسَوَّدَةُ حَيَاةٍ قَصِيرَة

نالت الشاعرة الروسية السوفييتية، نيكا غريغوريیفنا توربينا، وهي طفلة لا يتجاوز عمرها عشر سنوات جائزة «الأسد الذهبي» في مهرجان الشعر بمدينة فينيسيا، عن ديوانها الأول «مُسَوَّدَة». ولم يسبق لأي شاعرة روسية قبلها أن نالت هذه الجائزة العالمية، إلا مواطنتها الشاعرة الشهيرة أنّا أخماتوفا، حين كانت في سن متقدمة.

في الثانية والعشرين من عمرها، مايو 1997م، سقطت من شرفة الطابق الخامس، لقد كسرت لها عظام الحوض والساعد والعمود الفقري، ولكنها نجت من الموت، وخضعت لاثنتي عشرة عملية جراحية جمعت أموالها من العالم. بعد ذلك، أخبرت الصحفيين أنها لا يمكنها أن تحافظ على توازنها. وفي السابعة والعشرين من عمرها، 11 مايو 2002م سقطت نيكا مرة أخرى من النافذة، هذه المرة، لم يكن بالإمكان إنقاذها. وفقاً لأمها وجدّتها، قالت نيكا ذات مرة: «سأرحل عن عمر سبعة وعشرين عاماً، لكنني سأموت عشرات المرات من قبل». قد يكون موتها حادثاً وليس انتحاراً، لأنها كانت تحب الجلوس

على حافة النافذة معلقة الساقين. في السيرة المختصرة للشاعرة نيكا تور بينا الكثير من البقع البيضاء والمعلومات التي لم يتم التحقق منها.

ولدت الشاعرة، الطفلة المعجزة، نيكا توربينا، في 17 ديسمبر 1974م بمدينة يالطا، الساحرة الجمال، حورية الجبال والغابات والبحر الأسود، وشبه جزيرة القرم، وجمهورية أوكرانيا السوفييتية.

كانت طفلة غريبة، منطوية على نفسها وكتومة، مع طرح أسئلة جادة للبالغين. كانت والدتها مايّا توربينا فنانة مشهورة، وكانت جدتها ليودميلا فلاديميروفنا كاربوفا على حد تعبير نيكا نفسها «جزءاً من المثقفين»، وكان جدها أناتولي نيكانوركين كاتباً ومؤلفاً للعديد من الكتب الشعرية.

وبمصادفة مدهشة، درست الشاعرة نيكا توربينا في مدرسة — كانت صالة للألعاب الرياضية — ، حيث درست في بداية القرن الشاعرة الروسية الشهيرة مارينا تسفيتاييفا.

كانت نيكا، منذ ولادتها، تعاني من الربو، ولم تكن تنام كثيراً، بسبب ظاهرة شائعة لدى هؤلاء المرضى: الخوف من النوم والاختناق في أثناء الحلم. طوال ليال بلا نوم، باتت الطفلة نيكا، تجلس في مهد، مغطاة بوسائد، وتتنفس بشدة وبقسوة، وتهمس في لسانها بشيء ما.

زارت القصائد الطفلة نيكا توربينا، في سن الرابعة، فأفزعت والدتها مايّا، وجدتها ليودميلا، بعدم النوم ليلاً، إذ كانت تملي الشعر. فقد ادعت أنها تتكلم مع الله، وطلبت من والدتها وجدتها كتابة قصائد أخبرها الله بها.

8

أول قصيــدة لها هي: «القمر القرمزي» – алая луна ألايا لونا – عام 1981م.

كانت الأسطورة، التي انتشرت، منذ البداية، من قبل الأقارب، هي أن نيكا، في طفولتها، سجلت آيات وأبياتاً عن طريق الإملاء. وادعت أنهــا كانت تتحــدث مع الله، وفي الوقت نفســه كانت تســمع الصوت الــذي يأتي إليها ويتحول إلى ســطور من آيات وأبيــات، وإذا لم تقلها على الفور بصوت عال وتلقي بها خارجاً، فإنها ســوف تفيض عليها وتخنقها.

ولكــن وجود هذا الصوت خرافة وكذبــة كبرى. وعلى مدار أكثر من ثلاثين عاماً، كان عشــرات الملايين يؤمنون بهذه الأسطورة. في الواقــع، لم يــأت إلى نيكا أي صوت، بســبب اعتلال صحتها بشــكل عام، وحالتها العقلية بشكل خاص، ومعاناتها من الربو، كانت تصرخ أحياناً بشــكل مؤلم وتشــنجي، آناء الليل، من الــرؤى والتجارب التي تطاردها. هذه الكلمات والعبارات كانت شبيهة بسطور من القصائد البيضــاء، علــى الأقل، هكذا كانــت تبدو لأمها مايا التي كانت أذنها دائماً مضبوطة على شــكل موجة شــعرية. خاصة وأن لديها مشاريع محددة لنيكا، لذلك سجلت صرخات ابنتها، واستخدمتها لكتابة قصائد أصبحت لها فيما بعد. تؤكد ذلك ليودميلا باركينا الصديقة القريبة من جدة توربينا، بحيث إن صرخات نيكا بالليل حولتها إلى قصائد والدتها مايا وجدتها ليودميلا. وفي الوقت نفســه، دفعتها أســرتها إلى نشــاط إبداعي مستقل. هذه العملية حدثت بغض النظر عن الوقت من اليوم، ودفعتهــا إلــى الاعتقاد بــأن مؤلفة جميع القصائد هي نفســها، بما في

ذلك تلك التي لم تقلها. وبغض النظر عن كل شيء فإن السيرة الذاتية للشاعرة الطفلة المعجزة والظاهرة الشعرية الحقيقية نيكا توربينا شبيهة تماماً بقصائدها: قصيرة ومليئة بالمآسي.

وسرعان ما أدركت والدتها أنها قصائد حادة، مؤثرة، طفولية جادة و«غير صبيانية» ناضجة، ومأساوية، إيقاعية، ودالة على مبان ومعان وأغان وجدانية وإنسانية عميقة.

كانت الصدمة هي أول ردة فعل للوالدة والجدة، اللتين كانتا تجلسان إلى جانبها، ليلاً في معظم الأحيان، وبناء على طلبها أيضاً، وتسجلان ما كانت تقول، أو ما كان يمليه عليها أو يوحي به إليها صوت داخلي جاء من مكان ما، وكان له صدى في رأسها، إذ كانت تحب الجلوس كثيراً قرب النافذة، أو تتحدث مع شبيهها، أو رجع صداها وصورتها المنعكسة محدقة في مرآة قائمة. ويأتي الصوت إلى نيكا الصغيرة، هكذا وصفت صوتاً خفياً آتياً من مكان ما، طافحاً بالسطور والقوافي.

حاول الأقارب مساعدة الفتاة قدر الإمكان؛ ذهبوا لزيارة واستشارة العديد من الأطباء وطلب المساعدة حتى تنام نيكا جيداً، ولا تكتب في الليل، غير أن الأطباء أصروا فقط على علاج مرض الربو، دون محاولة تفسير هذه الظاهرة غير المفهومة. لم يجب الأطباء عن أسئلتهم: «من أين تأتي هذه الموهبة؟» و«ما العمل حتى لا تكتب شعراً؟»، واكتفى الأطباء بهزة كتف: «ماذا بوسعنا أن نفعل؟ حسناً، فلتكتب، دعوها تكتب، ويجب علاج الربو فقط...».

وتتذكر جدة نيكا: «أدخلت البهجة على مجرى حياتنا كلها، ولكن

مـع نيكا كانت هناك دائماً مشـاكل. عندما كانـت صغيرة جداً، كتبت قصائد معقدة، ولم تنم مطلقاً حتى بلغت سـن الثانية عشـرة. راجعت الأطباء، في موسـكو، في كييف، وناشـدتهم أن يفعلوا شـيئاً حتى لا تكتب شـعراً، وأن تعيش حياة طبيعية؛ لأنه عندما لا تنام فنحن أيضاً لا ننام...».

علم العالم باسـم الشاعرة نيكا توربينا عن طريق الكاتب الروسي السـوفييتي يوليان سيميونوف، الذي قرأت أمامه عديداً من قصائدها، بإلحاح جدتها ليودميلا فلاديميروفنا، عندما كان مقيماً في فندق يالطا، الذي كانت مشـرفة عليـه. صاح الكاتب: «عظيم!» معجباً بأسـلوب الأبيات الشعرية لفتاة صغيرة تبلغ من العمر سبع سنوات. وطلب من مراسـل جريدة «كومسومولسكايا بر افدا» كتابة مقالة عن هذه الطفلة المعجزة.. ذاع صيت الشـاعرة نيكا توربينا منذ ظهور قصائدها على صفحات «الحقيقة الكومسومولية» يوم 6 مارس 1983م.

ثم، دعيت الطفلة الشـاعرة إلى موسكو، فكان خطابها الأول في دار الكتاب، حيث التقت بالشاعر الشهير يفغيني يفتوشينكو، الذي لعب دوراً مهماً في حياة الطفلة الشاعرة والمعجزة، وبفضله ودعمه دخلت الفتاة الأوسـاط الأدبية للعاصمة على قدم المسـاواة. وفي العاشرة من عمرها شـاركت في مهرجان «الشـعراء والأرض» بفينيسيا، حيث منحت نيكا جائزة «الأسد الذهبي». وبعد ذلك، ذهبت إلى أمريكا حيث سبقتها قصائدها المترجمة، والتقت هناك بالشاعر جوزيف برودسكي.

وفي سن التاسعة أصبحت فتاة يالطا العبقرية مشهورة في جميع ربوع الاتحاد السوفييتي والعالم.

كان عمر الفتاة تسـع سـنوات فقط، عندما صـدر ديوانها الأول: «مسـودة» عام 1984م بتقديم الشاعر يفغيني يفتوشينكو. وعلى الفور نفـدت نسـخه الثلاثمائة ألـف. وكان عنوانه «مُسَـوَّدَة» مـن اختيار الشاعر يفغيني يفتوشينكو والكاتب يوليان سيميونوف.

وبعد هذا الديوان الأول جاءت أعمال أخرى ثلاثة: «درجات إلى أعلى، درجات إلى أسـفل» عام 1991م، ثم: «لكي لا ننسى» 2004م، وأخيراً: «بدأت في رسم مصيري» عام 2011م.

لـم يصدق الجميع في البدايـة أن تكون الفتاة هي نفسـها صاحبة الشـعر، واعتقد كثيرون أن الكاتبة هي أمها الفنانة ــ شـاعرة فاشلة، كانت تسعى لتحقيق ذاتها عن طريق ابنتها.

إضافة إلى الكتاب الأول، كانت هناك أسطوانة تحتوي على قصائدها، بصوتهـا، أصبحت أفضل إجابة مفحمة لأولئك المشـككين في موهبتها الخارقة. وسـرعان ما أثارت سـيرتها وشخصيتها اهتمـام الجمهور، وعمّ صيتها وصوتها الاتحاد السـوفييتي وخارجـه. وبحلول نهاية عام 1984م كانت نيكا بالفعل شـاعرة سوفييتية شهيرة تشارك باستمرار في أمسـيات أدبية، وتقام لها أخـرى كثيرة. وقامت بجولات شـعرية عبر أنحاء البلاد، ولم تجد الوقت للذهاب إلى المدرسة. وكانت جدتها ترافقها في كل أسـفارها إلى الخارج. وصور أكثر من فيلم عن الطفلة الشاعرة والمعجزة. ولم يبرح اسمها صفحات الصحف، وترجمت قصائدها إلى عشرات اللغات. كانت نيكا، وسيرتها، وقصائدها، وكل شيء كان، هذه الظاهرة التي درست بنشاط من قبل الخبراء.

عندما بلغت نيكا الثالثة عشـرة من عمرها وشـعرها، بدأ راعيها الشاعر يفغيني يفتوشينكو بالابتعاد عنها، وكفّ أخيراً، بصمت، ودون شرح الأسباب، عن الاتصال بالفتاة التي كانت على مر السنين متعلقة بـه كما بوالدها. ربمـا كان ينتظر منها معجزة، ولمـا خاب أمله فيها ابتعد عنها. أعلنت نيكا في حوار معها أن الرجل كان خائفاًK وتساءل لماذا أضيع وقتي معها وإذا لم تعد تكتب شـيئاً. وقد حزّ ذلك في نفس نيـكا إلى حد كبير. وتغيرت الفتاة نفسـها، وتغيـر العالم المحيط بها، وعبرت عن احتجاجها على الخيانة غير المتوقعة. وانتهت الأماسـي الشعرية، وكفّت الصحافة عن إزعاجها، ولم تعد ذات فائدة للجمهور، وجاء نذير النسيان – الصمت.

وغيرت الأسرة مكان الإقامة، وانتقلت إلى موسكو، حيث التحقت نيكا بمدرسة عادية. وهناك، لم يتقبلوها ولم يفهموها. وما زالت الفتاة الشابة تكتب الشـعر، ولكن الأبيـات كانت مختلفة تماماً. أمها، مايّا توربينا، تزوجت للمرة الثانية، وأنشأت أسرة جديدة، وأنجبت طفلتها الثانية، اسمها ماريا، وصارت مركز الكون للوالدة والجدة.

كتبت نيكا متنبئة:

«لكن، اسمعي

لا تتركيني وحدي.

سوف تتحول

كل قصائدي إلى كارثة».

لـن تجد نيكا لغة مشتركة للتفاهم مع الأسرة الجديدة، فتمردت، وحاولت قطع أوردتها، ونظراً لأرقها وقلقها، ألقت بنفسها من النافذة. وفي سـن الثالثة عشـرة غادرت المنزل، واختارت العيش مسـتقلة، وبعد سـنوات من المجد والنجاح، وجدت الفتاة الشـابة نفسـها، بلا أم ولا جدة، وحيدة.

في سـنة 1999م تزوجت نيكا البالغة من العمر سـتة عشـر ربيعاً بطبيبها النفسـاني الإيطالي سينيور جيوفاني، الذي قال في مراسلاته مع أسرتها إنه «عالج المرضى بقصائدها» في عيادته بمدينة لوزان السـويسـرية. كان هذا الطبيب المعالج والزوج في السادسة والسبعين خريفـاً. وفي بلد أجنبي، مع طبيب كثير الغياب، لم تستطع الفتاة أن تقاوم إلا سـنة، عادت بعدها إلى موسكو. وفي سويسرا، حيث لا يهتم المجتمـع الحديث بسيرتها كثيراً، أدمنت على الخمر، كانت تشـرب الخمر بشراسة، تماماً كما كانت تكتب الشعر.

ودرسـت لبعض الوقت في معهـد الثقافة، وفـي «فغيك»، معهد عموم روسيا للسينما الذي يحمل اسـم س.أ. غيراسيموف، حيث تم قبولهـا دون امتحانات. وعندما قبلت نيـكا لم تكن طريقتها في الكتابة مقبولة بشكل عام، خاصة مع حذف حروف العلة المصوتة «الشكلة». ساعد هذا الأسلوب في الكتابة الشاعرة في الحفاظ على آثار السطور الشـعرية التي كانت تجيش في رأسها طوال الوقت. كانت لها طريقة في الكتابة خاصة، متميزة، قابلـة للمقارنة فقط مع الأعمال العظيمة للشـاعرة الشهيرة أنّا أخماتوفا، التي تم التنبؤ بمجدهـا للفتاة، ربما، لحصولها مثلها على جائزة «الأسد الذهبي» الإيطالية العالمية، وهي

بعد فتاة صغيرة لم يتجاوز عمرها وشعرها الربيع العاشر، ولجمالها وشكلها الفني وقصائدها القصيرة المترعة دهشةً أليفةً وألفةً مُدهشة.

أصبحت نيكا، خلال دراستها، صديقة حميمة لمدرّستها المفضلة أليونا غاليتش، ابنة الشاعر والكاتب المسرحي ألكسندر غاليتش، التي درستها طوال رحلتها وحاولت دائماً مساعدة الفتاة على التآلف مع حياة لم تكن معروفة لها. كانت تحلم بأن تصير مديرة إنتاج، وقد درست جيداً في أشهر السنة الأولى، ولكنها لم تتخرج في المعهد. في وقت لاحق، حاولت إثبات نفسها في مجال السينما، وأدت دور البطولة في فيلم روائي طويل عنوانه: «كان هذا على شاطئ البحر» – 1989 – это было у моря للمخرجة أيان شاخميلييفا «توفيت عام 1999م» حول تلاميذ مدرسة داخلية خاصة بالأطفال المعانين من مرض العمود الفقري والواقع القاسي في هذه المؤسسة. في ذلك الوقت لم تقرأ الفتاة قصائدها أمام الجمهور منذ فترة طويلة. وخلال التسعينيات، جربت نيكا نفسها كمنشطة إذاعية في إحدى قنوات موسكو، وحتى كعارضة أزياء.

وقبل وفاة نيكا توربينا بفترة وجيزة تمكنت من إنتاج فيلم تأملي حول الانتحار «حياة معارة» – жизнь взаймы – على خلفية مقابلتها مع مارك روزوفسكي.

بعد ذلك، وحتى نهاية حياتها، عملت مع زوجها المدني الممثل ألكسندر ميرونوف، بضواحي موسكو في استوديو مسرحي. وقد واصلت كتابة الشعر: كانت تكتب أبياتها وقصائدها على قصاصات

الورق، وفوق مناديل المائدة، وتنساها فوراً، وحتى بأحمر الشفاه إذا لـم تجـد قلماً، ثم تكتب مرة أخرى، وتمزقها إرباً. لقد اشـتكت من أن لا أحـد يحتاج قصائدها بعد الآن. لماذا أكتبها؟ لا يجب أن أعيش! لو جاء خمسـة أشخاص على الأقل للاسـتماع إليّ، حسناً، شخص واحد على الأقل! للأسف، كان عليك قراءة القصائد ليس لنفسك فقط، ولكن لأصدقاء طارئين منتفخين من الإدمان على الخمر.

في أثناء نقلها بسيارة الإسعاف، حين سـقوطها من النافذة للمرة الثانية، وهي في السـابعة والعشـرين من عمرها، حاولت الممرضة إعطاءهـا حقنة، فسـحبت يدها وقالت لها: «لا داعـي»، وكانت هذه كلمتها الأخيرة.

ظـروف وفاة نيكا غير معروفة. في يوم 11 مايو 2002م كانت مع ألكسـندر ميرونوف في زيارة إحدى المعارف، إينا، التي تسـكن في نفس الشارع. شرب الثلاثة الخمر، ثم ذهب ألكسندر وإينا إلى المتجر، انتظرتهما نيكا، جالسة على حافة النافذة بالطابق الخامس، وهي تدلي كالعادة رجليها. كان هذا الوضع مفضلاً لديها، ولم تكن تخشى العلو. وهنا شـاهدها أحد المارة وهو يسـير مع كلبه من مكان قريب، معلقة الساقين على النافذة وسـمع صراخها: ساشا، ساعدني، سأسقط الآن. حاول بعض الأشخاص تمديد جاكيت ولكن دون جدوى. وتوفيت في الطريق إلى المستشفى.

وبطلب أسـتاذتها وصديقتها أليونا غاليتش، وضع خط تحت سبب الوفاة، ولم يسـجل على أنه انتحار، حتى يقام لها القداس في الكنيسة؛ لذلك ظلت الخانة الخاصة بسبب الوفاة فارغة.

وجـرت جنازة الشـاعرة نيـكا توربينا في 25 يونيو 2002م، أي بعـد أربعين يومـاً من وفاة الفتاة المأسـاوية. وبفضل جهود أستاذتها وصديقتها أليونا دفن رفات الشاعرة نيكا توربينا في مقبرة غانكوفو، وهـي أكبر وأشـهر مقابر موسكو، حيـث تضم مدافن شـخصيات الرياضة والفنون مثل: ليف ياشين وسيرغي يسينين وبولات أكودجافا وفلاديمير فيسوتسكي.

ولم يكن في وداعها الأخير غير صديقتها وأستاذتها أليونا غاليتش وشـريكها الـذي كان يعانـي هو الآخر من مشـاكل الإدمـان. وكان والداها يومئذ في مسـقط رأسها يالطا، ولم يتمكنا من الحضور بسبب قلة المال.

قبل عام من وفاة نيكا أنجز أناتولي بوريسيوك فيلماً وثائقياً بعنوان: «نيـكا توربينا.. تاريخ الإقـلاع»، ثم ذكر أن الجميع نسـي موهبتها وعبقريتها، قائلاً في حوار: «عمرها ست وعشرون سنة، كل حياتها أمامها، ويبدو الأمر وكأنها عاشت بالفعل تقريباً حتى النهاية».

كانت سـيرتها مأسـاوية جداً، عاشـت عمرها القصيـر، وحيدة، مستقلة، مكتئبة، مدمنة، في أرق دائم وقلق مستمر، عاجزة عن التآلف مع الحياة، والثقة بالناس، لا أنيس لها في شـقتها الصغيرة، وعزلتها المريرة، غير كلبها الوفي وقطتيها الوديعتين.

شـعرت نيكا منذ طفولتها بأنها سـتموت مبكـراً، وتنبأت بدقة في أي عمر. وتوفيت بهدوء، وبالضبط، كما توقعت، في ربيعها السـابع والعشـرين تماماً. وما زال سؤال سقوطها من شرفة الطابق الخامس

أول مرة، وفي شهر مايو، ومن نافذة الطابق الخامس أيضاً مرة ثانية، وفي شـهر مايو كذلك، غير معـروف الجواب حتى الآن: أكان حادثاً انتحارياً أم مأساوياً؟

تتذكـر صديقتها المقربـة، يفغينيا فيلاتوفا – ابنـة الممثل الكوميدي في السـيرك ليونيد ينغيباروف – : «كانت نيكا تقول دائماً إنها ستموت مبكراً، ولن يكون لها أولاد أو أحفاد ولا سـعادة أنثوية عادية». وتتذكر رئيسـة لجنة أولياء التلاميذ في مدرسـة نيكا: «كانت نيكا تشـعر بأنها كانت تموت. يمكنني سـماع صوتها حتى الآن. قرأت شعرها بألم شديد أمام التلاميذ والمعلمين وأولياء الأمور، كما لو كانت ترسل الكلمات إلى الفضاء. كانت دائماً تشـير إلى السـماء وتقول: (هناك بيتي) من كلامها كان يقشعر بدني، كانت تنطق بالعبارة ويبدو كأنها معلقة في الهواء».

إن قـراءة قصائد الشـاعرة الطفلـة المعجزة والظاهرة الشـعرية الخارقة نيكا توربينا تشـعر بالقشعريرة، في أبياتها وآياتها وصورها وسـورها عنف يومي، وخوف ليلي، وكآبة غابات، وآثار ذئاب، إنها ببساطة لا تريح العين القارئة، كأن في ظل صوت نيكا أنين عصفورة مصابـة، غير قادرة على شـق طريقها نحو ضوء يـوم جديد، حيث تعمي بصرها أشـعة الشمس الساطعة، ويدمي سمعها ضوضاء العالم الخارجي. وهي نفسها القائلة: «في الليالي فقط أشعر بالحماية من هذا العالم، هذا الضجيج، هذا الحشد، هذه المشاكل!».

كانـت حيـاة نيـكا توربينا مثـل قصيدتها قصيرة و«مسودة» و«مبيضة» معاً على حد قولها عنها:

«حياتي ـ مسودة

كل نجاحاتي، وحظوظي العاثرة

ستبقى عليها

مثل صرخة ممزقة بطلقة نارية».

إدريس الملياني

ترجمة الأشعار..

ترجمة الأشعار إلى لغات أجنبية،

كعبور العميان الشارع...

يبدو لهم، وهم يتلمسون طريقهم،

أنهم ينقذون نفوسهم من المتاعب.

لغات أجنبية، خطوط عمياء...

إنهم بحاجة إلى دليل. وإلا فلا طريق.

قصائدي ليست مكتوبة...

قصائدي ليست مكتوبة

كلمات وخطوطاً.

متناثرة، مثل المدن

جميع الفواصل والنقاط.

واليوم انتهى بلا أحلام.

وسوف يمر الليل في الظلام.

ذهبت القصائد، كما يذوب الجليد

من الشمس على الرابية.

لكن من الصعب عليّ أن أتنفس دون كلمات

جميع الشوارع ضيقة.

أحاول البحث عن كلمات..

الطرق قصيرة.

كل الطرق مذعورة،

القوافي جرفتها الأمطار.

وحتى الحروف في كتاب الألفباء

كلها نسيتها.

قصائدي ليست مكتوبة

لا مزيد من الألم والحنين.

لا داعي لتسألني

لا داعي

لتسألني

لماذا تعيش قصائد مريضة..

أنا أفهم

كان من الأفضل

أن يكون لديّ مخزون من الكلمات الصحية..

لكن ماذا بوسعك أن تفعل

لا يمكن أن نسأل الأحلام

لماذا تأتي..

لماذا جلادو الليل

يستلون من الغمد السيوف

ويأتون إليّ حشداً..

لماذا يزدحم على باب

ذاكرتي غير الصبيانية

الناس المنهكون، العميان.

التهمت النار عشرات المصائر

لكن هل ظهر ذلك

الذي سيأخذ على عاتقه

كل الشرور؟

1984م

باركني أيها السطر

باركني، أيها السطر،

باركني بالسيف والجرح،

سوف أسقط، لكني سأنهض على الفور.

باركني، أيها السطر.

1983م

مُسَوَّدَة

حياتي مُسَوَّدَة،

كلّ الحروف عليها أبراج فلكية...

محسوبة مقدماً كل الأيام الماطرة.

حياتي مُسَوَّدَة،

كل نجاحاتي، وحظوظي العاثرة،

ستبقى عليها

مثل صرخة ممزقة بطلقة نارية.

1983م.

إلى يفغيني يفتوشينكو

أنت مرشد، وأنا عجوز ضرير.

أنت مُوَصِّل، أنا ذاهب دون تذكرة!

سؤال آخر ظل بلا جواب.

ويُداسُ في الأرض رفاتُ أصدقائي.

أنت صوت الناس. أنا بيت شعر منسيّ.

1983م.

مطر.. ليل.. نافذة مكسورة

مطر.. ليل.. نافذة مكسورة..

وشظايا الزجاج عالقة في الهواء،

مثل أوراق، لم تتلقفها الريح.

فجأة دوي.. هكذا تماماً

تنهار حياة الإنسان.

1981م.

الروح غير المرئية

أيتها الروح غير المرئية

أين تسكنين؟

منزلك الصغير

جيد، ربما؟

أنت تتسكعين في جميع أنحاء المدينة،

تتسكعين وحدك

أيتها الروح الخفية

لا أستطيع أن أراك.

نوافذ الآخرين

نوافذ الآخرين..

فيلم صامت.

ظلام في الشارع

في الإطار ضوء..

طفل يصرخ بصمت

أنا لا أهدهده..

أوان تكسر لحسن الحظ

أنا لا أتلقاها.

والقاعة ممتلئة بأشخاص دون تذاكر

في هذا العرض من الصمت..

نافذتي ناطقة،

زجاج مغطى بالحزن.

1985م – 1987م.

كل شخص يبحث عن طريقه الخاص

كل شخص يبحث عن طريقه الخاص،

ولكنه رغم ذلك يستمر في هذا الطريق،

الواقع على حافة الحياة والموت.

أود الذهاب طويلاً على هذا النحو،

حيث لا تغرب الشمس،

ولكن بعد النهار دائماً يحل الليل...

لذلك أبحث عن سبيل.

1983م.

أبجدية مورس

أبجدية مورس ‑ نقطة، شحطة...

أبجدية مورس ‑ دعني

أقلْ في أسرع وقت ممكن..

أنا ضائعة في الزمن... المشكل ليس لي..

أنني تعبت من إيقاع اليوم.

لا تنسَ الكلمات الطيبة

لا تنسَ الكلمات الطيبة

وأعمال الخير

لا ترمِ بالنفايات

وإلا سوف يكون خدعة لك

مصير تنبأ به الوقت.

1985م – 1987م.

بماذا تغذين طفلك

بماذا تغذين طفلك؟ من الثدي؟ بالعصيدة؟

وأنا بالسطر...

ماذا تقولين، أثناء وضعه في المهد؟

نم، يا حبيبي؟

وأنا أقول له لست بحاجة للنوم!

سوف أهدهدك

صبحاً، وظهراً،

سنمضي إلى الحديقة للنزهة

هناك سنكون معاً...

فقط لا تنم ليلاً،

وتحدث معي.

ولدتك.. لا أتذكر متى..

في المطر، في الثلج،

في ضوء الشمس،

أنت تعرف هذا أفضل مني.

سوف تتحول إلى قوة سحرية.

أيها الطفل الأبدي...

لا تنم، يا حبيبي!

1985م – 1987م.

أنا عشبة الشيح

أنا عشبة الشيح،

مرارة على الشفاه،

مرارة في الكلمات،

أنا عشبة الشيح...

..

وعلى السهب أنين.

مصعوقة بالريح

ساق نحيفة

إنها مكسورة.

..

ولدت من الألم

دمعة مريرة..

على الأرض سوف تسقط...

أنا عشبة الشيح.

1982م.

لا أستطيع النوم

لا أستطيع النوم،

ووطأة اليوم

لا تسمح لي

بإغلاق رموشي..

لكن العاصي

كم هو عاص عنيد

دليلي

إلى القصص الخيالية والأحلام.

ـ لا تجادلي، أنت متعبة.

أسمع همساً هادئاً..

لا تخافي من أي شيء

اتبعيني

هناك حدائق رائعة

ويوم أبدي

والمطر ليس قارصاً

على الإطلاق

هناك طوال العام

على شجرة رأس السنة

هدايا يقدمها

للأطفال «بابا نويل».

وستضفرين إكليلاً من الأحلام،

ولن تخزك

روحك

على الوجوه الشريرة،

سترين كرة من الزهور.

ستكون لك.

هذه السعادة

لا أعطيها لآخر.

ليكن الحلم أبدياً،

فهذا أفضل لك.

لا أستطيع النوم...

ليكن من الأفضل

أنني لا أستطيع النوم!

1983م.

لا أكتب أنا قصائدي؟

لا أكتب أنا قصائدي؟

وإذن، حسناً، لست أنا.

لا أصرخ أنا، أنه لا توجد سطور؟

لست أنا.

لا أخاف أنا من الأحلام العميقة؟

لست أنا.

لا ألقي أنا بنفسي في هاوية الكلمات؟

وإذن، حسناً، لست أنا.

..

تستيقظون أنتم في الظلام،

ولا توجد قدرة على الصراخ.

ولا توجد كلمات...

لا، هناك كلمات!

خذوا إذن دفتراً

واكتبوا عما

رأيتم في المنام،

ما كان مؤلماً وساراً،

اكتبوا عن أنفسكم.

عندئذٍ أصدقكم، يا أصدقائي:

أنا لا أكتب قصائدي.

1982م.

هي مصدر إلهامه

هي مصدر إلهامه،

دمعتها قصيدته..

فوق المدينة رعد، وهي خائفة...

يقول كم هو رائع،

أن نرى مصيبة شخص آخر..

سوف أجد الطريق إلى مقطع شعري جديد.

صباح قاتم

صباح قاتم مع مطر بارد..

معاً نحس بمرارة

المصباح نهاراً يخلق متاعب

تذهب إلى الباب، أنا بعدك..

نسينا إزالة أسطوانة الليل..

لهذا السبب فإن طريق الانفصال أقصر.

1985م – 1987م.

القمر القرمزي

أيها القمر القرمزي،

أيها القمر القرمزي..

انظر إليّ

في النافذة المظلمة

أيها القمر القرمزي

الغرفة مظلمة..

الجدار مظلم،

المنازل مظلمة..

الزوايا مظلمة..

مظلمة أنا نفسي.

1981م.

درجات إلى الأعلى

درجات إلى الأعلى

درجات إلى الأسفل

يدوخ الرأس.

درجات إلى الأعلى

درجات إلى الأسفل

كم هي حياتي صغيرة!

لكن لا أريد

أن أصدق

أن الموت آت إليّ،

أنني لن أرى أبداً

الثلج في يناير..

وفي الربيع

لن أقطف زهوراً

ولن أجدل منها إكليلاً..

رجاء!

بلا كلام زائد..

لكن آمن فقط أن اليوم سيأتي

في الصباح مرة أخرى،

وسوف تعد من جديد

درجات إلى الأعلى

درجات إلى الأسفل

وأنت تحلق فوقها.

لقد تهت في الضباب

لقد تهت في الضباب

مثل نجمة صغيرة

في السماء..

لقد تهت في الضباب..

ولا أحد

يهتم بي..

ولكني أتقدم

لأني أؤمن بطريقي،

وهو بالتأكيد يؤدي

إلى البحر..
هناك تتلاقى كل الطرق

الوعرة،
والسهلة السير عليها

وسوف أقدم

للبحر نجمتي

التي سأحملها بعناية

على راحتي يديّ.

هذا هو مستقبلي،

ولكنه كبير جداً...

من الصعب عليّ

أن أحمله وحدي.

1983م.

أمريكا

أنا أحب ماياكوفسكي

لكني لن أبصق عليك..

أود أن أعانقك،

كما لو أنك امرأة

هشّة لكن قوية..

أنت أعطيت

أفكار الحب،

كامرأة تعطي

العالم طفلاً..

أنت بررت

آمالي..

بارك الله فيك!

هزيلة

مثل امرأة عجوز

تضع يديها على وجهها..

أرمي لك بقطعة نقدية..

هذه أمي

تطل من القفص.

انتظر سوف أشعل فانوساً

انتظر

سوف أشعل فانوساً

لإضاءة المنحدر،

الذي تتدحرج عليه

في الظلام.

إلى أندريه فوزنيسينسكي

اتصلت بك في الليل

لماذا أصبعي

يدير قرص الهاتف؟

لماذا أخاف الصمت

كم هو سهل

أن أقول لك كلمة..

أنت صامت..

والريح تعوي

وتقرع بابك

احبسْها..

وبعيدة كل الكلمات الجاحدة

انسَها..

لا يرتعشْ

مثلتُ عينيك.

هاتفك صامت...

أنا لا ألامس

بيد حذرة

إلا متاعبك.

من الأفضل أن تخرج

إلى حديقتي الخريفية..

هاتفنا هناك هو الليل..

أغمضْ عينيك

وكلّ الأجواء المكفهرة

تتراجعْ بعيداً
وسوف يجيب صوتي
في الأوراق،
كما في الأسلاك.
انتظر أيضاً
لحظة،
اسمع،
كيف تئن بقلق

في الظلام الأشجار

آسفة على نفسها...

لكنك تخرج

على عجل من الليل

خائفاً من نفسك..

وبجرأة أكثر

افتح بابك

على المكالمة الهاتفية..

هناك لست أنا..

سأركب رقمك

بعناية

لكن لن أقول

من أنا.

من أنا؟

بأي عيون أنظر إلى العالم؟

الأصدقاء؟ العائلة؟ الوحوش؟ الأشجار؟ الطيور؟

بأي شفاه أمسك الندى؟

بورقة ساقطة على الرصيف؟

بأي أيد أحتضن العالم،

العاجز للغاية، الهش؟

أنا أفقد صوتي في أصوات

الغابات، الحقول، الأمطار، العواصف الثلجية، الليالي...

إذن من أنا؟

في أي شيء يجب أن أبحث عن نفسي؟

كيف أرد على كل أصوات الطبيعة؟

1982م.

ماذا سيبقى من بعدي؟

ماذا سيبقى من بعدي؟

نور طيب من عيني أم ظلام أبدي؟

حفيف غابة، همس أمواج،

أم خطوة وحشية للحرب؟

هل يمكنني أن أضرم النار في منزلي،

الحديقة، التي نمتْ بمثل هذا العناء الشديد،

على سفوح الجبال الثلجية،

هل أدوس عليها، مثل لصّ جبان؟

الرعب، المتجمّد في أعين الناس،

هل سيكون طريقي الأبدي؟

ألتفت إلى اليوم الماضي،

الحقيقة هناك أم ظل الحقد؟

الكل يريد أن يترك أثراً نيراً..

فلماذا إذن هناك الكثير جداً

من المصائب السوداء؟

ماذا سيبقى من بعدك،

الإنسانية،

منذ هذا اليوم؟

1984م.

آه كم هو نادر

آه، كم هو نادر

أن يقول بعضنا لبعض

كلمات صادقة ومفيدة!

لذلك من الصعب جداً

إيجاد صديق،

وبالتالي أنا وحيدة.

كم أريد نظرة طيبة

ولو للحظة

ولكن مخلب الشر

يمزق الحلق.

كم أريد

عناق العالم كله

ولكن في راحة يدك

مسماراً أسود.

كم أريد

إهداء الزهور

فأعرق بعدِّ فكّة نقود.

كم أريد

أن أحرق الجسور

وأنسى،

ماذا يجب أن أفعل.

1983م.

أستمع إلى المطر

أستمع إلى المطر

على أصابعي

تتجمع قطيرات

في راحة يدي

وتتحول، صامتة،

إلى دمعة ضخمة

كم تبكين بألم، أيتها السماء!

سأحمل دمعتك

إلى حصاني.

لقد تعب من الطريق،

وهو يصهل

والأرض عند حوافره

تحولت إلى وحل.

1981م.

الفتاة الحلم

هي، الفتاة الحلم،

تعيش فقط في الظلام.

وفي النهار تقف، متلفتة نحو الجدار.

وفي الليل فقط تأتي إلى البلاد،

حيث تعيش كل قصة خرافية في الواقع.

أنا جئت إلى هذا العالم أكثر من مرة..

لكن الفتاة الحلم،

وأنا من بينكم.

1984م.

هدهديني

هدهديني، هدهديني،

وغطيني ببطانية دافئة،

اخدعيني بأغنية التهويدة،

امنحيني أحلامك في الصباح،

أياماً مصورة، حيث تكون الشمس

أشدّ زرقة من النهار،

ضعيها تحت الوسادة في الصباح،

ولكن لا تنتظري، اسمعي.. لا تنتظري...

لقد هربت الطفولة مني.

1982م.

إلى أمي

آمل منك،

أن تكتبي جميع سطوري.

وإلا ستأتي، بالتأكيد، ليلة بلا نوم.

اجمعي صفحاتي

في دفتر سميك،

وسوف أحاول

تنظيمها بعد ذلك.

لكن، اسمعي،

لا تتركيني وحدي.

سوف تتحول

كل قصائدي إلى كارثة.

1983م.

أ.ن.

نتحدث معك

بلغات مختلفة..

كل الحروف هي نفسها،

لكن الكلمات غريبة..

نعيش معك

في جزر مختلفة،

وإن كان في نفس الشقة.

1983م.

إلى الجدة ليودا

خرجت إلى الحديقة،

انتظرتك

وفكرت

متى ستأتين

أيتها الأثيرة لديّ؟

أريد أن أصغي معك

لوقع المطر

أن أشرب الندى قطرات

أريد الخروج يومياً قبل حلول الظلام،

لأبدد حزنك.

1981م.

إلى الجدة

سوف أبدد حزنك

سأجمع باقة من الزهور

سأحاول، بقدر ما أستطيع،

أن أكتب بعض الكلمات

عن الفجر الأزرق المبكر

عن العندليب الربيعي.

سوف أبدد حزنك

فقط ليس من الواضح لي

لماذا، عند البقاء في المنزل،

ينقبض القلب من الألم

من الجدار إلى العتبة

الطريق مثير للقلق

وسوف تذبل باقة الزهور

لا تعيش زهور في المنزل.

سوف أبدد حزنك

هل ستكونين سعيدة؟

1982م.

إلى أمي

أفتقد حنانك

كافتقاد طائر محتضَر للهواء.

أفتقد ارتعاش شفتيك

المليء بالقلق عليّ

عندما أشعر بالوحدة.

أفتقد الضحكة المكتومة

في عينيك..

تبكيان

وهما تنظران إليّ.

لماذا في هذا العالم

مثل هذا الألم الأسود؟

ربما، بسبب،

أنك وحدك؟

إلى أبي

سوف تأتي إليّ غريباً،

لا مفتاح لبابنا.

لن أصدق صوتك.

أنت لست لي!

أنت وأنا مختلفان،

المرآة لا تكذب..

ولا داعي لكلمات غير ضرورية،

سوف يحترق القلب.

أمي كلها كتلة مضغوطة..

اخرج!

اصفق الباب ببطء

واهرب!

كل الآمال تحولت

إلى قطرة من الدموع..

أنت تغادر، تسرع،

حسناً، ماذا إذن؟!

سأذهب إلى النافذة

وسأقول لطفولتي:

وداعاً!

عودي إلى أرض الأمل،

طيري بعيداً.

ديسمبر 1981م.

الطائر الأزرق

في منتصف الليل

الباب سيفتح..

وفجأة يطير إليّ

الساحر الغريب،

الطائر الأزرق

في صورة الطفولة

على حصان خفيف..

يجيء مسرعاً بقافية

منزلقة

هيا جرّبي، أمسكي.

ولما تفلت مني،

أسمع صوتاً جذاباً،

يدعوني إلى مدى بعيد،

إلى مدى العزلة،

إلى مدى الفراق،

الدموع، الوداع

وفرحة الخسائر.

أيها الفارس، الطائر،

بقافية منزلقة،

أنت لا تثقْ بالوشايات

واسألني قبل الفراق

في ساعة الصمت،

في ساعة الفجر المرصعة بالنجوم

عن هدية صغيرة..

لقاء قافية مجنحة..

خذ قلبي.

1982 م.

صخرة

(إلى ب. لوغوفسكي)

البحر يدوي، البحر يهدر،

ولد قلبك، أيها الشاعر،

من زبد البحر، من شعاع الشمس.

... مع مرور الوقت، مات الشاعر.

سوف يذهب قلبك إلى البحر..

ولكن توجد صخرة هنا،

مع البحر،

مع الريح

ترجوك:

اترك قلبك في الحجر!

... يذهب الناس بهدوء إلى الصخرة،

تسرع الشمس إلى الصخرة أيضاً.

ـ أنت ولدت هنا ـ يقرع القلب.

ـ سأعيش! أنا حي إلى الأبد.

انشري أجنحتك أيتها الطيور

«انشري أجنحتك أيتها الطيور»،

كم هو الوقت بعيد!

على الصفحات الباهتة

سهل جداً لك أن تركضي.

وأن تقولي، إنه عما قريب

(أنت تعرفين متى)

ستكتب القصيدة،

وقد يكتب السطر،

الذي لم يسمعه

العالم كله.

تريدين أن تسمعي،

ولكنه لا يوجد حقاً.

1986م.

لقد خدعتك

لقد خدعتك،

تلك اللحظة هي الأبدية..

مع هجرة الطيور

ينتهي الدفء

وتنسى لديّ منذ وقت طويل

ليالي من تعاويذ سحرية..

وهذا الفرح قريب جداً

عندما تلمسه بالمصادفة،

راحة يدك

ترفع الكرة الأرضية.

هل خدعتك؟

كلا!

لقد أعطيتك سراً،

معروفاً لي

أنا وحدي.

1983م.

يعتقد الكثيرون

يعتقد الكثيرون،

أنني تأخرت..

رحل القطار.

وضعت الحياة

سكك حديد جديدة

ضاعف الوقت

شعور الحب..

أنا فقط حولت

المساء إلى الصباح

لقد ساعدوني.

الأسفلت في الليل حار

الأسفلت في الليل حار

الكعب يلتصق

بالأرض.

ما أشق

الطريق

إلى المحرقة.

الطفل يتعلم المشي

الطفل يتعلم المشي،

إنه بحاجة إلى يد.

الطفل يتعلم الكتابة،

إنه بحاجة إلى يد.

تمر الدقائق والساعات،

ولنترك عقاربها تدور،

وسوف يكبر الرجل،

ويمشي يداً بيد.

ومبكراً،

سوف يلتقي الحب.

ويرفع يديه إلى الشمس..

الأمل كبير.

الطفل يتعلم المشي،

وحده سوف يسقط..

ومن ورائه يده

تؤدي إلى كل الأعمار.

يناير 1982.

توقف للحظة

لماذا،

عندما يحين الوقت،

نطرد الطفولة من الفناء،

لماذا نحاول أن نتجاوز

بسرعة خطوات الأيام؟

نكبر على عجل.

ونجتاز كل السنوات

كما في المنام..

توقف للحظة!

شاهد،

لقد نسينا أن نلتقط الأحلام

من الأرض عن الأشرعة القرمزية،

والقصص الخيالية،

التي تنتظرنا في الظلام.

سأنزل ركضاً على الدرجات،

كما على الأيام،

نحو الأعوام الضائعة،

وسآخذ بين ذراعي طفولتي،

وسوف أعيد حياتي إليها.

1983م.

لن أذهب بالترام

لن أذهب بالترام،

الخريف يجتاح سكة الحديد.

سأبقى فقط في المنزل

قرب النافذة المفتوحة..

سأجمع الأصوات في راحة يدي

كما يجمع البوابون في الصباح

الضبابَ في السلال،

مستعجلين اليوم.

الريح تدوّم الأوراق،

دون أن تنزل على السلم..

وسوف تصفق النافذة،

وهي ترن في الزجاج المكسور.

لن أذهب بالترام،

الأصوات تتجاوز الخريف..

سأبقى فقط في المنزل

قرب النافذة المكسورة.

1983م.

أريد الخير

كم مرة

ضبطت نظرات شزراء..

وكلمات جارحة

كالسهام،

تنغرز فيّ..

رجاء،

اسمعوا، لا داعيَ

لتدمروا فيّ

دقائق من أحلام الطفولة..

صغير جداً

يومي..

وأنا أريد الخير

للجميع!

حتى لأولئك الذين

يصوّبون إليّ.

1983م.

ذكرى

أريد أن أجلس وحدي معك

في المنزل القديم..

المنزل الواقع على ضفة النهر،

المسمى ذكرى.

أثر قدميك الحافيتين

تنبعث منه رائحة شمس الصيف الماضي،

حيث تجولنا معاً

على العشب، الذي لم يحشّ بعد...

ازرقت السماوات

مختفية خلف سياج القرية،

ورنت الأصوات...

هذا كل ما نتذكره...

والعد التنازلي لكل الأيام

أوشك على نهايته.

أسراب الطيور – كلّ الأيام –

تجمّعت عند القدمين...

بماذا نطعمها؟

لم يبق أي سطر.

1981م.

في الصباح وفي المساء وفي النهار

في الصباح، وفي المساء، وفي النهار

فكّر فقط في أن الليل

يجثم على المدينة

مثل بومة خارج النافذة..

في الصباح، وفي المساء، وفي النهار

يدخل الليل من الباب بهدوء،

بعد أن يمسح رجليه عند المدخل،

كما لو كان يخشى مواجهة

بصيص من الضوء،

الذي قفز

قبل ساعة على بطانية.

في الصباح، وفي المساء، وفي النهار

فكّر في شيء واحد فقط:

كيف تعوي الريح ليلاً بصوت مفزع

والتي تسكن في بوق.

وكيف تقتحم النوافذ،

وهي تصيح محطمة مصاريعها،

أوراق صفراء تلتصق

بالزجاج المبلل بالدموع..

أنا لا أحب أن أفكّر ليلاً

في الحكايات المرعبة والمزعجة،

أنا أفضل أن أغفو

في الصباح، وفي المساء، وفي النهار.

فينيسيا

التقّت المدينة

بقماط من الجسور،

وقفت فينيسيا

في لباس من الحجر..

لها قلادة من المنازل البيضاء

ملقاة على قدميها

ولها من الجزر

ما لا تستطيع إحصاءَه..

حتى الليل لا يكفيها...

فلماذا إذن تبكي هذه المرأَة؟

فينيسيا 1985م.

في مطعم صغير

في مطعم صغير، حيث الهواء لاذع برائحة البحر،

يسمع صوت أغنية إيطالية، لاثنين يغنيان عن شيء ما.

البلاطات ساخنة من حرارة الشمس.. حتى من خلال الصنادل،

وتحت الطاولة تتسكع قطة متعبة طوال اليوم..

والنبيذ يصب بتكاسل في أكواب زرقاء...

كنا هادئين جداً... كم طارت الدقائق بسرعة!

إيطاليا 1985م.

الظل

يتسكع في الشارع

الظل الذي نسيته..

ومن كسله الشديد

لا يستطيع الرجوع إلى المنزل..

أو ربما، لا يريد

أن يبدأ يومه

معي مرة أخرى.

1985م – 1987م.

كم أودّ

كم أودّ

أن أتغطى ببطانية

وأن أعيد التفكير في اليوم

الذي ركض

سريعاً

كان مكتظاً

بالناس، بالأوراق

وبضجيج المدينة.

أنا أشعر بالوقت

فقط في الليل،

عندئذٍ أسمع

المعركة المدوية للساعة..

تجتمع الثواني

بالدقائق

والظلام يفتح

النوافذ على مصاريعها..

أنا أسمع الوقت!

ها هو يمشي

في الساحة الحمراء،

ينعطف إلى اليسار

ويفتن على الفور

جنس الأرض..

أنا أسمع صرخة طفل..

هل ولد للسعادة؟

لا، لا أعرف..

ربما، للألم..

سيقال لي عن ذلك

في الصباح فقط..

وأنا أريد

أن أرى العالم ليلاً..

زرقاء جداً

خفيفة جداً، ودنيوية.

سأكون حارسك

الأبديّ.

1984م.

ثلاث توليبات

(إلى إلينا كومبوروفا)

ثلاث دمعات دامية،

ثلاث توليبات..

امرأة تجلس صامتة،

من المخدر

داخ الرأس،

انقبض القلب..

ثلاث توليبات هي كلّ إرثك..

الريح وحدها تعوي:

«فلتكن كذبة منهم!»

لكن عينيك تصرخان:

«لا يمكن أن يكون!»

ثلاث توليبات، ثلاث دمعات

تساقطت.

امرأة تجلس صامتة،

دون أن تصدقهم.

1983م.

السطور فقط ترحل

السطور فقط ترحل

الطريق لديها، على ما يبدو، بعيد.

في أحذية بالية، ممزقة،

تهيم على وجهها طويلاً

يستغرق هذا السنوات

الصراخ في وقت متأخر من اليأس

والانتظار على الرصيف،

ولن تعاد إليك.

1985م – 1987م.

لم يجدني على الخط الأصدقاء

لم يجدني على الخط

الأصدقاء.

أو ربما فقط

ليس هناك ما يكفي من النقود..

لكن فجأة أصبحت

شقتي مقفرة..

كم من أيام

عشت هنا على الماضي..

لكني انتزعت ورقة من اليومية،

لكي أتحقق

كيف تجري الأسابيع..

الشوارع كلها

معرقلة بعاصفة ثلجية

لم يجدني على الخط

الأصدقاء.

1984م.

لا داعي لدموع مريرة

لا داعي لدموع مريرة..

في الصباح كان الشارع طويلاً،

ومع منعطف عسير

أنا انفصلت

عما كان السعادة،

الحلم السرِّي،

لكنا معاً

تركنا التعاسة.

ذاك المقعد صار فارغاً

بجانب النهر،

فضمّ الأوراق الصفراء

بين ذراعيك.

1985م – 1987م.

صوت

على ممرات الحديقة

مثل كرة بلورية

صوتك المجلجل

سبقني..

ركض فوق السطوح

ركض من خلال الأوراق

في حفيف الخريف

أدرك الموسيقى..

توقف فجأة

بالقرب من هذا المقعد

حيث كان منتصباً

مكسوراً مصباح الشارع..

كرتك البلورية

تألقت بالضحك

والفانوس المكسور

بدأ فجأة يتوهج.

1983م، أو سابقاً.

الشبيه

ربما،

في الغد،

في العالم الآخر،

سوف آتي إلى الموعد،

مع شبيهي.

هو انعكاس لي،

كلمات لا توصف..

هو ألمي

وتعاستي..

دمعة، لم تجف

على وجنتي..

هي دمعته.

عيناه المؤلمتان..

هما عيناي.

سأخرج المرآة،

إنها مكسورة من قبلي..

انعكاسه

استقر في داخلي.

أنا أعلم رجلاً صغير الكلام

أنا أعلم رجلاً صغير الكلام

إنه مضحك وأخرق..

لكنني أعلمه أن يسمع كلمات:

حقيقة، إيمان، سلام.

لا يمكن أن يتوقف الزمن..

قريباً جداً، سوف يركض هو نفسه على الدرج..

والعالم كله سوف يكون له فقط..

لذلك يجب أن أسرع.

أبحث عن أصدقاء

أبحث عن أصدقاء،

فقدتهم..

أبحث عن كلمات،

ذهبت مع الأصدقاء.

أبحث عن أيام...

كم هربت بسرعة

في أثر

الذين ذهبوا بعيداً عني!

أغلق يومي برموشي

أنا أغلق يومي برموشي،

ولكن لسبب ما لا أستطيع النوم.

أفكّر في اليوم الذي انقضى،

ولكن ليس في الذي وصل،

إلى اللقاء في الليل.

أفكر في الشوارع، التي تتعرض للتعذيب

من قبل الناس،

والآلات، والأقدام.

أفكّر في الفوانيس،

التي تعبت من اللمعان.

أفكّر في ذلك المنزل

الذي لا أنام فيه..

لكن النوم طائر رمادي مزعج،

يحلق فجأة إليّ

ويصفق لي رموشي

في الفجر..

استيقظي أنت، يا صغيرتي،

في الصباح الباكر،

وسترين، فانوسك،

المستريح..
الضحك ملء مفترق الطرق،

وحتى المساء اليوم بعيد.

1981م.

إلى مستمع واحد

«أقرأ لك قصائد...»

في عيون الشك

نقط سوداء..

وأهرب

مثل ديك جريح

على جليد رقيق

غير مستقر.

1983م.

مسار بارد

مسار بارد

ولكن ليس هناك طريق آخر..

اليوم لن يعود

والظلام يلتهم النور..

وتنتصب أمامك

محطة صغيرة من المصائب..

تتجمد الأصابع..

لن يعيد الأيام

رنين ذوبان الجليد..

في القلب يتجمّد المسار المتأخر

تحت القدمين يتجمّد الثلج الذائب..

1985م.

دمية

أنا مثل دمية مكسورة..

في الصدر نُسِيَ

إدخال القلب

واستُغْنِيَ عنها

في زاوية قاتمة..

أنا مثل دمية مكسورة،

أسمع فقط، في الصباح،

حلماً هادئاً هامساً لي:

«نامي، يا عزيزتي، طويلاً، طويلاً،

سوف تطير السنوات،

وعندما تستيقظين،

سوف يرغب الناس مرة أخرى

في أن يأخذوك بين أذرعهم،

ويهدهدوك، لمجرد اللعب،

وسوف ينبض قلبك...»

أنا فقط خائفة من الانتظار.

1983م.

عيد ميلادي

لقد نسيت عن طريق الخطأ

عيد ميلادي.

أو ربما، لا أريد عن قصد..

أدير عقرب الساعة إلى الوراء

للعودة إلى الطفولة..

أخشى أن أفقد

سر الحياة هذا،

الذي أعطاني إياه الناس

بعناية،

بعد نسيان نفسي...

بعد كسر الزهرة،

لن تنبتيها.

بعد قتل الجدول

لن ترتوي بالماء،

أنا أعبر سبع مراحل

من حياتي

ولكنني لا أستطيع أن أفهم،

أياً منها

هو عيد ميلادي.

1981م.

معلومات الإنسانية

معلومات الإنسانية

تجتمع في كلمة:

«الخلود»

النور الأبدي

إذا لم يقتله

الليل.

العالم الأبدي

إذا لم يمزق الموت

الكرة الأرضية.

إنه شفاف

ونقي

مثل ثلج يناير.

أشفق عليه

أيها الإنسان

أشفق على منزلك،

فهو قطعة صغيرة منك

ابنك هناك،

أو ابنتك..

هذه هي الأرض أيضاً.

معلومات الإنسانية

تنقطع فقط

بالخلود.

1983م.

إلى الملحن فلاديمير داشكيفيتش

بدلاً من زر المصعد.. مفاتيح البيانو...

على النوتات الأربع سوف تفتح الباب..

هذا الصدى يجوب الممر المدوي..

سوف تتحدث معه.

حتى الهاتف

في الغرفة لا يُسمع..

أنت لا أحد...

وبلا حذر سأجري على السطح..

مفاتيح البيانو

تغلق الباب.

عالم مريض

عالم مريض بمرض أسود:

إما بالجذام، وإما بالطاعون.

يتسكع مستتراً بالعتمة

عواء رهيب.

لن تنجب الأم اليوم طفلة،

سوف يسقط دمعها في الليل..

والأرض غير قادرة على الصراخ..

على شفتيها ختم الموت.

الرماد الأسود بدلاً من المطر

على وجهك.

فأي طريق نسلك الآن؟!.

روما القديمة

مدن فارغة صامتة

ولكن طريقي فقط هناك..

في الغبار، متعبة من الهذيان...

عيون الفترينات مطفأة..

هنا الشوارع، مثل قطارات،

من المؤسف أن المحوّل نسيها...

أين، من، متى، في أية أيام

هنا ضربها بغشاوة رصاصية؟

يخيّم الصمت عليّ...

ولا أستطبع الرجوع إلى منزلي.

ولست بحاجة إلى فساتين، لكي

يقال لي، كما في الأيام الخوالي:

«كم أنت حلوة!»

الرياح المالحة، والعرق والغبار،

كل ذلك يأكل بشرتي حتى يثقبها،

ولكن لا أحد هنا ليبكي.

وإذا كانت هناك دموع في العيون،

فلن تسمعي، أين وكيف

تعلقت بها اللعنة.

فلتكن المدينة، كما يبدو، هي المنزل.

لكن لا يمكننا أن نتعايش معاً.

إيطاليا 1985م.

كولوسيوم

جمع الكولوسيوم قروناً عديدة

وأصدقاء، وأعداء،

وهناك همهمة على الجدران..

الحجر لم يغفُ حتى الآن.

سأمرر يدي على خطوات السنين..

هنا طبع عصر بصماته.

القطة الوحشية عيناها الضيقتان

أكثر حدة من السكين..

وتعوزها القوة للرجوع إلى الخلف..

على الجدار المدمر تنعق الغربان.

روما 1985م.

جفاف

يا له من جفاف في القصائد!

لكنني أريد أن أرتوي بالماء...

وأن أسكبه في السطور...

يا له من جفاف في الروح!

بحيث أصبح وجهك الحي

سراباً

وحتى البحر

شبيه برمال جافة...

مثل هذا الجفاف في كل شيء

أحاط بنا معاً!

ولا يمكننا التحرر،

دون إحياء الكلمات الميتة.

1984م.

المدينة مثل محارة

المدينة مثل محارة

تسمع صوتاً مديداً: «أو.. أو.. أو...»

يدوي البحر بفرح

على الشاطئ في الصباح

الحصى مثل بلح البحر

الشفاه مالحة قليلاً

وزرقة السماء..

حوض من القنطريون

رذاذ، مثل نعيق النوارس..

لا يمكن جمعها معاً

والشمس الإيطالية

تحرق كتفيك.

إيطاليا – أبروزي 1985م.

تعبنا من الرياح الباردة

تعبنا من الرياح الباردة

المسيح مصلوب في الفناء..

والأطفال يتراكضون، مثل خنازير برية

على عشب مقفر غريب..

يكنس البواب الأرصفة..

أطفأ نوره المصباح الليلي..

وقطرات من الدم المنسي

فقدت لونها منذ زمن بعيد.

منزل تحت الكستناء

(إلى يوليان سيميونوف)

على الطريق المتربة

دامي القدمين

يمشي المسافر.

على الطريق المتربة،

تحت الشمس المحرقة

يمضي قدماً، وإلى الأمام.

يد منفردة

ألم في العينين

دموع الحزن

أم مجرد دمعة من الريح؟

لكنني أعرف

ما وراء البحر

في بلد مجهول وسري

هناك منزل تحت الكستناء

أنا أمضي إلى هذا المنزل.

1983م.

الوداع

أيتها الطيور، انشري أجنحتك

حلّقي حتى الربيع

ولكن تذكّري أثناء تحليقك

من أين أنت.

دعي الرياح تتبعك

سوف تذكرك فجأة

بأن منزلنا هنا،

وراء الوادي، وخلف النهر منزلك.

وأن أعشاب المروج

دائماً لك

وأن العواصف الرعدية

تقصف الوديان

من أجلك.

وأنت تطيرين بعيداً إلى الجنوب،

ستفكرين في أنك

بحاجة للعودة

إلى منزلك الحبيب.

اختفى عشك

حسناً، حسناً!

سوف تنسجينه مرة أخرى

غصيناً على غصين

وأجنحة أطفالك

سوف تخفق من جديد..

وسوف يمتلئ منزلك

بالزقزقة السعيدة،

وأنت، تطيرين بعيداً إلى الجنوب.

انظري فجأة وراءك

ومري من خلال دورة الوداع

بالمنزل، والوادي، والحديقة.

سأنظف المنزل

سأنظف المنزل

وسأضع الأثاث

في زاوية فارغة.

سأغسل الأرضية

وأنفض السجادات

وسأجلس.

ومن وراء الزجاج

سيرقص المطر

وبالوحدة المخيفة

سوف يعاقبني اليوم.

كما أريدُ لي.

آه كم هي هشّة قشتك!

آه، كم هي هشة قشتك!

لن تسبحي إلى ضفة أخرى.

ووراء النهر يتعالى من جديد:

– لا تدعني أذهب!

1985م – 1987م.

في أي شارع يسكن صديقي؟

في أي شارع يسكن صديقي؟

لا أتذكر، هل كان اسمه

على ذلك المنزل

الذي جئت إليه أكثر من مرة

في ساعة مبكرة

ومتأخرة تماماً.

كان يستقبلني بابتهاج هناك

فقط المصعد القديم المترنح.

كان يرفع حتى الطابق السادس

وينزل زاحفاً إلى الأسفل

وهو يبتسم ابتسامة ساخرة وحزينة.

في ذلك المنزل، كما أعتقد،

لم أكن منتظرة،

وإذا فتح الباب،

فهذا لأن أصبعي،

كان يحول قرع الجرس إلى عواء حيوان..

وفي المدخل كانت تسمع أصوات

وكان ينبح كلب..

منحته حفلة للتبرك بالمسكن الجديد..

أصبح عجوزاً جداً

ولم يتعرف عليّ أيضاً.

... كثيراً ما أتسكع في هذا الشارع،

لكن المنزل الآن لا أجده في أي مكان.

1985م – 1987م.

أسرع قريباً إلى هناك...

أسرع قريباً إلى هناك،

حيث ينتظرني الملك.

مرت ثلاثة أعوام

وثلاثة أيام،

وقلبه يتألم.

وعدت،

والمفاتيح

لم تعد لتلك الأقفال.

والباب

مغلق بالمزلاج،

والحبيب ليس هناك.

الريح الباردة

هبت على الظهر،

والدموع أحرقت الوجه.

انتظر ثلاث سنوات..

لقد جئت،

بعد أن نسيت وجهه.

1983م.

طائر جريح

ارحمني، دعني أذهب.

لا تخط الجناحين الجريحين،

أنا لن أطير بعد الآن.

صوتي انقطع من الألم،

صوتي أصبح جرحاً..

أنا لن أصرخ بعد الآن..

ساعدني، انتظر!

الخريف..

الطيور تطير جنوباً.

قلبي فقط سينقبض من الخوف،

الوحدة.. صديق الموت.

حكاية خرافية حديثة

في أصغر مملكة،

حيث ينام في النهار طائر النار،

حيث تعاني ابنة القيصر من الليل،

نمت شجرة بلوط،

شجرة بلوط عظيمة.

على شجرة البلوط يجلس ابن القيصر،

عاجزاً عن النزول إلى الأرض،

عاجزاً عن الصراخ بصوت عالٍ:

ـ إيه، هيا، أنجدوني!

ويجلس نهاراً وليلاً،

دون أن يهب أحد لنجدته.

فجأة، يظهر من مكان ما،

الشرير،

يطلق فريسة من مخالبه،

وتطير إلى ابن القيصر،

زهرة قرمزية،

متمايلة في مهب الريح،

ومتحولة إلى اللون الأزرق.

التقط ابن القيصر الزهرة الخفيفة،

وسمع همساً،

وسمع صوتاً:

انزل، يا ابن القيصر،

من شجرة البلوط القديمة،

قوم كتفيك،

واذهب بعيداً،

لإنقاذ ابنة القيصر،

لاصطياد طائر النار،

وعندئذ سترى،

لوح بيديه:

ـ أوه، أريد أن أجلس

على شجرة البلوط العالية،

لا أريد ابنة القيصر،

لا أريد طائر النار،

وأريد فقط أن أنام،

ودعني أحلم،

بأني نزلت من شجرة البلوط،

وأصبحت قوياً جداً،

وهزمت الأشرار،

وأعيش سعيداً.

1982م.

شارع

يركض الشارع

إلى الأعلى

واللحاق به

مجرد ضحك.

سوف أطير وراءه

بعيداً

سأتلفت فجأة..

إنه لأمر مؤسف.

آسفة على المنزل،

الذي تركته،

لأمي، التي تبكي

خلف النافذة..

تلاطم أمواج،

وراء ظهري

نباح كلب،

راكض خلفي.

اهرب، أيها الشارع،

أنت وحدك،

لأنك بعد كل شيء،

لست بحاجة إليّ.

1981م.

ونكهة البحر مرة

ونكهة البحر مرة،

والسرطان كسول بقرب الماء

كل شيء يتحرك للخلف...

أقدام حافية على الرمل..

آثار بقيت بعيداً

عندما تكون الرحابة أمامك

غنّاء وزرقاء جداً..

ليس مخيفاً أن تكون أنت نفسك.

إيطاليا 1985م.

لوّث المطر

لوّث المطر

لوحة صغيرة لديّ..

كانت هناك قطرتان من الندى

والآن قطرة واحدة.

كانت هناك جوقة أطفال يضحكون،

والآن تجري دموعهم على الخدين

بألوان قوس قزح في المرج.

جميع ندف الثلج

تحولت إلى قطرات مطر..

اللوحة كلها هربت بعيداً عني.

1981م.

أنا أعزف على البيانو

كانت أصابعي تثير الصدى

مضطربة بالموسيقى،

متألمة ومتألقة.

أنا أعزف على البيانو،

لا أعرف كلمات،

لا أعرف نغمات،

لم أستغرب إلا

من الصوت الذي ملأ المنزل.

إنه يحطم النوافذ،

يدوّم الأشجار.

كان هذا الصوت السري

يخلط الصباح مع الليل..

أنا أعزف على البيانو،

تتجمد أصابعي بهدوء..

هذه موسيقى الكون..

ضيق عليها منزلي.

1983م.

صدقت النظرة

لقد صدقت النظرة،

ولا أحتاج إلى كلمات،

وقد صدقت على الفور،

أن هناك دمعة

أشد ملوحة من ألم أسود،

أحلى من نوم طفل.

سوف تضيء في نصف السماء

نجمة زرقاء..

لا تمسك في راحة اليد

بفراشة على النار..

سوف تتحول إلى الخلود

حياتها

في الفجر.

1983م.

السمكة الذهبية

لقد خدعوا السمكة الذهبية:

جميع الهدايا رُدّتْ إليها،

حتى الكلمات التي قالتها عن الحبّ

أعدناها، بداية مريرة...

فلماذا ننظر مرة أخرى بابتهال من الضفة

الشديدة الانحدار، في انتظار كلمة؟

للكلمة دائماً بداية

للكلمة دائماً بداية

وإن قيلت في الألم

ولو في الفرح.

لقد فقدت بين عشية وضحاها

جميع الحروف التي تقف في الأبجدية..

على مفترق طرق القوافي

تلاقت،

ولعدم وجود أضواء مرور؛ وقعت حادثة.

هل حقاً أنكروا عليّ جمع الفجر في قصيدة؟

وليس العثور على سطور قديمة،

رواها الزمان.

أنا أجول باستمرار

على طرق أبدية

ولكن اتضح أن ذاك

من غير المجدي جداً.

1985م – 1987م.

أريد أن أعيش سنة

أريد أن أعيش سنة.

مثل لحظة..

أريد أن أحول الوقت

إلى دقيقة.

أريد، أريد، أريد!

لكن لماذا أرى

الأيادي مرفوعة في خوف؟

لا أريد

أن أعيش بهذه السرعة!

يصرخ الكوكب، مختنقاً.

عمري طويل،

وأحاول خلق الخير.

آه، يا ناس!

أرجو أن تنسوا العداوة

وأن تتذكروا فرحة اللقاء..

دعوا الأنهار تهدرْ

بخرير الماء الصافي..

والمطر الطيب فليمرّ

من هنا، وليس جانباً.

واللحظة؟

فلتكن

لحظة للولادة،

لا للموت.

رنين الجرس

رنين الجرس.

نصف عام من الصمت..

مصادفة؟

شرب النبيذ مرة أخرى...

أنت تتحرى عن

تماس كهربائي،

صارخاً،

أن العودة غير مقدرة..

صباح مجنون..

فرحة الهروب..

الانتهاء من

مرحلة تافهة.

كاسيت

سجلْ لي شريطاً كاملاً

من الكلمات المسلية...

وأبحرْ مرة أخرى

سوف أتذكرك والصيف

ليس فقط بالضغط على مفتاح...

كانت السفن راسية بجوار الرصيف

مغطاة بحراشف المطر

مثل سمكتين كبيرتين..

تأرجحنا فيها

كما في المهد...

لم يكن ذلك خوفاً، بل سعادة..

ولم نتوقع عندئذ سوء الطقس..

جاء متأخراً قليلاً جداً...

هل نُسينا أو نَسينا

تلك المدن والشوارع؟

الدخان خيّم على المدينة..

لم تعد لنا..

مسجل الشريط ضم كل ذاكرتنا..

أنا فقط أضغط بأصبعي

على المفتاح.

1985م – 1987م.

أربع عشرة دمعة

أربع عشرة دمعة

على خدي،

أربع عشرة قطرة من المطر

على الزجاج الرطب.

ستذهب، لن تذهب،

خمن.. لا تخمن،

تتجه إلى الباب..

وداعاً، وداعاً...

عفواً، انتظر..

لا تفرق يدينا،

أنا لا أحب الوداع..

دائرة القلق.

وسيكون هناك ألم من الاجتماع،

الذي لا يمكن أن يقع..

أربع عشرة دمعة...

أرجوك ألا تنسى.

مارس 1982م.

أنا مهرج..

أنا مهرج..

أنا ذاهب لشراء خاتم الزواج..

ولمن أنا مخطوب؟

إن لم يكن

لبالونات ملونة.

نعيش.. نتلوى من الألم

نعيش.. نتلوى من الألم.

لا مال.. نتلوى من الخوف.

الحب.. سوف نكفُّ فجأة.

العمل.. سوف نُصْرفُ فجأة.

لا نستطيع النوم وبتعب لا يطاق

نستقبل اليوم.

ظهر لدي أصدقاء

ظهر لدي أصدقاء..

يبدو أنهم جميعاً على ما يرام:

جميلون، شجعان، أذكياء...

الكثير جداً من الأشياء.

ولكن هل كانوا طيبين؟

تعبت

تعبت من التنفس من الهموم،

والكلمات القديمة،

المحشوة

بالخشب الجاف.

أحضر لي فقط عود ثقاب...

ألم تجد

كلمات جديدة عن الحب،

بعد أن غيرت الديكور،

والفساتين والرقصات؟

اسمح لي

اسمح لي بالإغراء،

بعد سماع كلمات اللوم،

أجلس على الشرفة،

أملأ ثقوب المصير،

وأرسم

لمواصلة رحلتي.

أخبار اليوم

أنا في انتظار

شخص ما

سوف يسألني،

ماذا رأيت، مع من رئيت،

أين كنت؟

عندئذ سأفتح ألبوم الأخبار..

هل تريد

سماع أخبار جديدة؟

من مات، غادر،

ترك وحده...

وهل يمكن

أن نبقى فقط

هادئين قليلاً؟

سوف نرى الترام الأخير

من وراء النافذة...

أنا أحب كثيراً

المنزل النعسان

وسوف تتغطى بالغبار

أخبار اليوم.

وأنا أفهم أنه

لا أحد في انتظاري.

1983م.

أصفار

سوف أتعلم العدّ حتى 10، 30، 100،

والكثير جداً من الأصفار أيضاً...

ثم ماذا سيحدث؟

سوف أبقى صغيرة

وبهمس سأحكي

لأمي قصة خرافية

عن البنت ذات الرداء الأحمر..

وحول

ما هو مخيف

ليس فقط ليلاً:

بل نهاراً أيضاً..

لأنني أخاف من الأرقام،

التي توجد فيها أصفار كثيرة.

إنها تشبه إلى حد كبير

أفواه الحيوانات

البرية المخيفة.

1982م.

بيت باسترناك

حديقة، شرفة..

على الدرجات

ورقة صفراء.

النوافذ تطل

على الظلام..

يسمع فقط

صوت سري..

بات يجول

على المفاتيح

طوال الليل..

كان هذا الصوت

يريد المساعدة..

لجمع الزمن

الماضي والجديد

على الجدران القديمة..

غير أن هذا البيت

لا يحب التغيير.

سيمضي الليل..

وفي الصباح،

المفاتيح صامتة..

وحدها الأصوات

تصرخ في الروح.

1983م.

في الليل يشير المصباح

في الليل يشير المصباح

إلى ذلك اليوم القادم

صاخباً تماماً،

وسوف يستيقظ الجميع..

ليبتسم الكسل..

يجب البدء بالعيش!

ولكن لماذا؟

لكي يتنفس النهار

بضجيج الأطفال،

بحفيف كل الأعشاب،

بهفيف أوراق الأشجار..

وحتى أتمكن،

بعد أن أفتح عيني،

من عناق العالم كله،

واستنشاق الهواء بفرح.

1982م.

نصمت عندما تتعب الأفكار

نصمت،

عندما تتعب الأفكار..

نصرخ،

عندما تدغدغ الأعصاب.

نتملص،

عندما لا يوجد مكان نذهب إليه.

نتراجع،

عندما يكون العقل واضحاً.

نسامح،

عندما نتأسف على أنفسنا.

نعاني،

عندما نحب الآخرين.

اطلب الغفران

اطلب الغفران

من الله، لنفسك،

ربما، سيصحو عقلك،

تسرع إلى ضميرك.

ربما، ستجد البوابة،

تدق ويفتح لك...

ستقهر الاختيال،

وتفسح للأبطال المجال.

وربما، في يوم ما،

ستولد من جديد، إنساناً.

لدي سبع صفحات مبعثرة

لدي سبع صفحات مبعثرة،

سبعة أيام من الحياة المعيشة..

مثل سرب خائف من الطيور،

الأشجار أقرب إلى السماء..

سأمزق الصفحة،

لم تعد هناك حاجة إليها

في الأيام الأخيرة.

1983م.

تعيش الوحوش طويلاً

تعيش الوحوش طويلاً،

بفخر.. تعيش الطيور،

إذا لم تقع

بين مخالب وحش.

اكتبْ

سيرتي الذاتية.

أحدّق في المرآة

أحدّق في المرآة،

أحاول أن أغطيها

بالوشاح الأسود،

المطوق عنقي.

الوجه تحت طبقة من الغبار..

تلونين نفسك؟

من الأفضل أن يكون لديك

مبضع من الروح.

مشى في البيت

مشى في البيت،

كما لو كان في شقته،

دون أن يلاحظنا.

تصفح الأوراق

التي كتبت،

صدم الكلب بحذائه، الوحش..

وخرج.

أحقاً تحملته لمدة عام؟

أفضل مما كتب لن أقول

أفضل، مما كُتب،

لن أقول، أفضل، مما

قيل، لن أكتب.

ما لم أترك ذكرى.

لم أكن أريد أن أموت

لم أكن أريد أن أموت..

لقد حاولتُ أن أطير، فلم يحدث ذلك..

لكنّي تُوفيتُ، فسخِرتُ

منَ الجُرأةِ المُميتةِ للحلْم.

الفهرس